Samuel Butler. Conférence Faite le 3 Novembre 1920 à la Maison des Amis des Livres

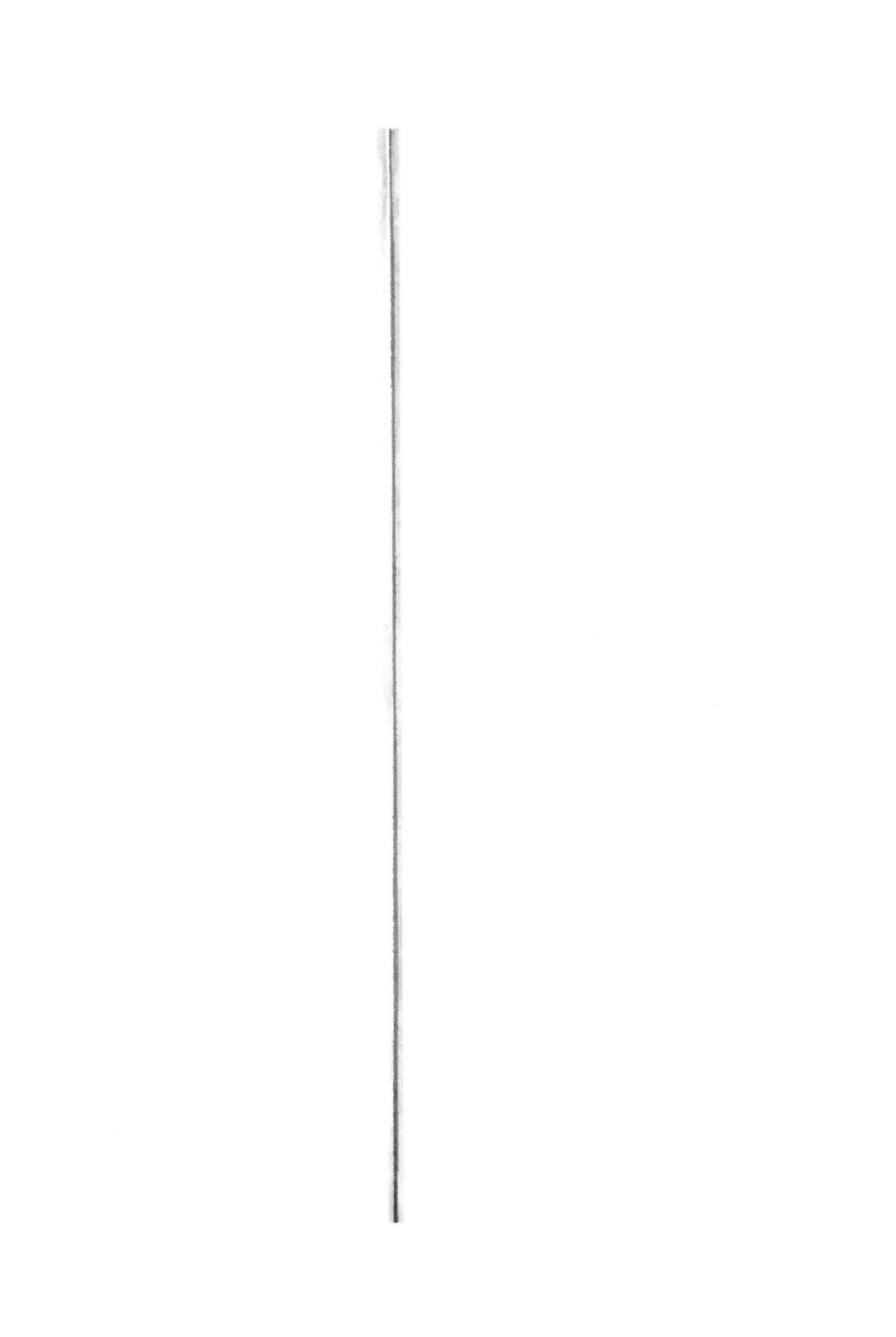

SAMUEL BUTLER

ŒUVRES DE SAMUEL BUTLER

traduites par M. V. LARBAUD

et publiées aux Éditions de la " Nouvelle Revue Française "

———

EREWHON .   .   1 volume

———

Pour paraître prochainement :

AINSI VA TOUTE CHAIR, roman.

———

Pour paraître en 1921-1922 .

LA VIE ET L'HABITUDE
NOUVEAUX VOYAGES A EREWHON
LES CARNETS DE SAMUEL BUTLER.

VALERY LARBAUD

SAMUEL BUTLER

CONFÉRENCE FAITE LE 3 NOVEMBRE 1920
A LA MAISON DES AMIS DES LIVRES.

7, RUE DE L'ODÉON · PARIS · VIᴱ

1920

Mesdames, Messieurs;

JE vais avoir l'honneur de vous lire
quelques passages de mes traductions
encore inédites de quatre volumes de Samuel
Butler : *La Vie et l'Habitude, Les Carnets,
Ainsi va toute chair* et *Nouveaux Voyages
à Erewhon.*

Toutefois, avant de commencer cette
lecture, je voudrais vous dire quelques mots
sur Samuel Butler. En effet, il me semble
que le travail que j'ai accompli, et qui m'a
pris quatre années, — quatre années d'intimité
presque quotidienne avec la pensée et l'œuvre
de Butler, — m'a permis de me faire sur lui
certaines opinions, d'avoir sur lui certaines

vues d'ensemble, qui peut-être intéresseront les personnes qui ont lu ses ouvrages dans la langue originale, et qui pourront servir de guide, ou de préparation, aux lecteurs français qui ne les connaissent pas encore.

Je ne reviendrai pas sur sa biographie et sur l'histoire de sa carrière littéraire, et je me permettrai de renvoyer les personnes qui désireraient se renseigner sur ce point, à l'introduction que j'ai placée en tête de l'édition française d'*Erewhon,* et à l'article qu'a publié la revue « Les Écrits Nouveaux » dans son numéro d'avril 1920. C'est de la pensée de Samuel Butler, et de ce que Taine appellerait « les idées directrices » de son œuvre, que je veux vous parler.

Eh bien, si un ami me demandait : Qui est Butler ? Que dois-je m'attendre à trouver dans ses livres ? je répondrais en prononçant un seul nom, — un nom qui sans doute va vous surprendre, mais qui me paraît donner immédiatement la clé de l'œuvre de Samuel Butler. Ce nom, c'est celui d'Épicure.

Bien entendu, il ne s'agit pas de l'Épicure légendaire, de l'Épicure des poètes érotiques et des chansons à boire, mais du véritable Épicure, le physicien grec, le fondateur d'une des grandes sectes philosophiques de l'Antiquité, le Sage dont les disciples, qui formaient une sorte de petite église païenne, honoraient la mémoire par des cérémonies presque religieuses, et dont la vie simple et frugale fut proposée en exemple aux Chrétiens par saint Jérôme lui-même.

Personne, à ma connaissance, ne s'est encore avisé de faire ce rapprochement du philosophe grec et de l'humoriste anglais, et sans doute Samuel Butler en aurait été surpris, car il ne doit certainement rien, directement, à Épicure. Mais au cours de mon travail de traduction, j'ai été souvent frappé de certaines ressemblances fortuites ; je me suis souvent dit que si Épicure avait vécu de notre temps, ou s'il s'était réincarné de nos jours, il aurait écrit bien des choses que Samuel Butler a écrites, et aurait enseigné

presque tout ce que Samuel Butler enseigne ;
et je me suis souvent amusé à imaginer que
si on retrouvait les ouvrages d'Épicure qui
ne sont pas parvenus jusqu'à nous, on y
verrait beaucoup de passages qui nous
paraîtraient extrêmement... butlériens.

Cela nous surprendra moins si nous
songeons à ce qu'a été, depuis Bacon, la
philosophie anglaise. Elle a été, et elle est,
des quatre grandes traditions philosophiques
modernes, celle qui se rapproche le plus
de la philosophie épicurienne : elle est
empirique, sensualiste et utilitaire, et ce que
les philosophes anglais ont appelé « utilité »
ne diffère pas beaucoup, essentiellement, de
ce que les épicuréistes appelaient « plaisir ».
Il est donc assez naturel que Samuel Butler,
qui a continué la tradition anglaise, surtout
comme moraliste, fasse plus d'une fois songer
à Épicure, à un Épicure qui aurait vécu de
notre temps.

Leur biographie même présente quelques
ressemblances. Diogène de Laerte, à qui

nous devons presque tous les renseignements que nous possédons sur Epicure, nous apprend que la mère du philosophe était magicienne, et que c'est peut-être en la voyant, — si j'ose dire — opérer, qu'Épicure avait conçu ce dégoût des religions et cette haine des superstitions qui sont les marques distinctives de sa doctrine. La mère de Samuel Butler n'était pas magicienne, mais le milieu dans lequel il fut élevé était le milieu clérical anglais le plus typique et le plus étroit : son père était membre du clergé, et son grand-père — évêque, — de l'Église Anglicane, et c'est à l'influence que ce milieu exerça sur lui qu'il faut attribuer la rébellion qui le poussa à renier avec éclat toute la doctrine chrétienne. Cette rébellion fut la démarche initiale de sa pensée; nous en trouvons des traces dans toute son œuvre, et jusque dans le dernier livre qu'il ait écrit.

Tous les Anciens nous décrivent la communauté épicurienne comme une société d'amis, sobres, polis, aimables, gais, unis par la plus tendre affection. Et c'est précisément ainsi que Samuel Butler a vécu au milieu du petit groupe de ses amis. Aucun écrivain de son temps n'a pratiqué plus strictement que lui la grande maxime d'Épicure : « Cache ta vie ». Bien souvent il s'est réjoui de son obscurité et s'est consolé de l'échec de ses livres en disant que la conspiration du silence, organisée contre lui par les dévots et les savants, avait du moins cet avantage qu'elle protégeait sa solitude contre les intrus. C'est ainsi qu'Épicure écrivait à un de ses disciples : « Nous nous sommes très bien trouvés d'être demeurés inconnus, même de noms, à presque toute la Grèce. » Samuel Butler, célibataire par principe, et ayant réduit au minimum l'appareil et les frais de la vie matérielle, a eu l'existence la plus libre de toute entrave sociale, la plus paisible, et vraiment la plus « cachée » qui soit compatible avec un certain confort et le goût des plaisirs de l'esprit. A Londres où il résidait, et où ses revenus lui auraient permis d'avoir un certain train de maison, il se contenta, jusque dans sa vieillesse, d'un petit appartement d'étudiant. Il était comme un homme de goûts simples que j'ai connu, et à qui sa femme de ménage dit un jour : « Monsieur ne vit pas selon son rang. » Non seulement Samuel Butler ne vivait pas selon son rang, mais il ne voulait même pas s'embarrasser de l'attirail de sa profession : peintre, il n'eut jamais d'atelier ; homme de lettres, toute sa bibliothèque tenait facilement sur un seul rayon d'un placard. Et s'il avait une galerie de tableaux, elle était surtout formée de ses propres toiles qu'il n'avait pas pu ou pas voulu vendre, ou qui lui avaient été refusées par le jury de l'Académie Royale. Il est vrai qu'en Italie, où il allait passer chaque année de deux à quatre mois, il semble avoir mené une vie moins ascétique et s'être un peu lâché la bride, puisqu'un journal de je ne sais quel chef-lieu du Piémont, signalant son passage, l'appelait : « il ricco millionario Signore Samuele

Butler ». Mais à Londres, on le vit parfois revenir de chez le traiteur le plus proche de chez lui, rapportant son déjeuner entre deux assiettes. Je ne sais pas si jamais Épicure en a fait autant, mais on cite souvent cette lettre du philosophe grec, dans laquelle il annonce qu'il va donner un grand banquet dont le plat de résistance sera un fromage d'une espèce très commune.

Le but que se propose la philosophie d'Épicure, c'est le bonheur de l'homme. Elle cherche donc, avant tout, à délivrer l'homme des terreurs de l'Au-delà, et de toutes les entraves de la superstition. C'est ainsi qu'elle commence par nier que les dieux s'occupent des affaires des hommes, et par emprunter à Démocrite son explication physique du monde, explication empirique et qui ne fait appel qu'au témoignage des sens; c'est à dire qu'elle rejette la religion et lui substitue la science. A tel point que, pour elle, n'importe quelle explication scientifique est bonne pourvu qu'elle débarrasse l'homme de la crainte des dieux. Si, comme c'est probable, les parties scientifiques du poème de Lucrèce ne sont que des traductions libres des traités d'Épicure qui ne sont pas parvenus jusqu'à nous, il est vraisemblable que la philosophie d'Épicure contenait une théorie de l'évolution de la matière, tant organique qu'inorganique.

De la même façon, exactement, Samuel Butler a commencé par rejeter les dogmes chrétiens, et par donner une explication rationnelle de l'élément surnaturel du christianisme ; explication qui, si elle pouvait être appuyée sur des preuves irréfutables, ne laisserait rien subsister de ces dogmes. Ensuite, l'homme étant ainsi délivré des terreurs de l'Au-delà, Samuel Butler adopte comme explication du monde celle que lui fournit la théorie transformiste telle que Charles Darwin la lui révèle ; puis, lorsqu'il reconnaît que la théorie de Charles Darwin, trop exclusivement mécaniste à son gré, est insuffisante, il retrouve pour son propre compte, adopte et développe celle de Buffon et de Lamarck. De là l'origine de ses querelles avec les savants de son temps, — autre point de ressemblance entre Épicure et lui : tous deux se sont entendus traiter d'infâmes par les dévots et d'ignorants par les savants. Tous deux ont été atrocement calomniés. Par contre, tous deux ont aussi trouvé des partisans enthousiastes. Il n'y a pas longtemps, dans un journal anglais, un lecteur écrivait une lettre ouverte pour demander que le Conseil comtal de Londres fît poser une plaque sur la façade de la maison qui fut le domicile de Samuel Butler pendant vingt-huit années : « Rien n'indique au passant, écrivait-il, que c'est dans cette maison qu'a vécu le Sage qui nous a délivrés de tant de superstitions, qui nous a tirés de ténèbres si épaisses... » C'est exactement ainsi que Lucrèce parle d'Épicure dans le *De Natura Rerum*.

Leur morale, autant que nous en pouvons juger, est la même. Seulement celle de Samuel Butler, qui s'applique à des phénomènes plus complexes, est plus développée. Mais chez l'un comme chez l'autre, c'est une morale du plaisir. « Le guide de la vie, le divin plaisir », comme dit Lucrèce d'après son maître. Le plaisir, à la fois explication et but. Le plaisir bien compris, qui s'appelle aussi l'intérêt et, en biologie, le sentiment du besoin (une des expressions de Lamarck que Samuel Butler a retrouvées et qu'il a opposée à la « sélection naturelle » de Darwin). Pour Butler, toute la morale est l'art de reconnaître les choses qui, selon le mot de saint Paul, « contribuent à notre paix » ; et toute la discussion porte sur la question de savoir quelles sont les choses qui contribuent *réellement* à notre paix. C'est là ce qu'il y a d'intéressant dans la pensée de Samuel Butler : son attitude dans cette discussion plutôt que les sujets discutés. Nous le sentons qui combat pour la liberté, pour l'expansion de l'individu, pour notre perfectionnement. Les monstres qu'il atta-quait étaient sans doute très redoutables en son temps et dans son pays ; ils le sont beaucoup moins aujourd'hui, et certains sont morts. Mais ce n'est pas cela que nous considérons lorsque nous le lisons : c'est sa puissance, ses ressources et sa tactique de lutteur. Il nous donne un exemple que nous aimons suivre, il nous encourage à penser et à vivre par nous-mêmes. « Ne soyons pas dupe, dit-il ; gardons notre esprit libre ; n'acceptons aucune théorie sans l'examiner impartialement, et ne construisons nous-mêmes aucune théorie sur des idées préconçues ; méfions-nous toujours des doctrinaires ; ne nous laissons pas intimider par ce que nos aînés appellent « le résultat de leur expérience » ; soyons toujours en garde, par principe, contre tout ce que voudraient nous enseigner les gens qui ont autorité sur nous ; faisons attention à ne pas nous laisser prendre aux attitudes, aux modes ; ne nous embarquons pas dans les bateaux que certains de nos contemporains se montent à eux-mêmes ; méfions-nous des systèmes et de ceux qui les construisent ; interrogeons nos instincts les plus profonds, qui sont les plus sûrs ; et surtout ne nous trompons pas nous-mêmes : ne soyons pas comme cet acteur qui, pour jouer le rôle d'Othello, se teignait tout le corps en noir. » N'était-ce pas là ce qu'Épicure voulait dire dans ce fragment d'une lettre qu'on lui attribuait : « Et surtout, mon cher enfant, soustrais-toi à toute espèce de discipline » ? Seulement, encore une fois, nous ne possédons pas la vingtième partie de l'œuvre d'Épicure ; nous n'avons que des fragments, des citations tronquées, et quelques résumés très arides. Tandis que nous avons tous les livres de Samuel Butler, dans lesquels il attaque les doctrinaires, démasque les hypocrites, se moque des poseurs, et surtout combat, par le ridicule et l'ironie, non seulement les préjugés de son temps et de son pays, mais ces vices mêmes de l'esprit d'où naissent les préjugés qui dans tous les temps et partout ont gêné le libre développement des individus

et les ont entravés dans la recherche et la
conquête des choses qui contribuent à leur
paix. Quand il n'attaque pas, il plaide. Il
plaide pour les pauvres abus du siècle, pour
tout ce qu'il y a en nous d'instincts robustes
et de tendance au bonheur. Il a écrit :
« Nous avons beau dire, mais la vie est, au
fond, sensuelle. » C'est en faveur de cette
vie, de son plus large développement, de sa
plus grande liberté, qu'il plaide ; et de même
qu'il a pris parti pour elle contre la religion,
il prend aussi parti pour elle contre la
science, dès qu'il s'aperçoit que la science
tend, elle aussi, à devenir dogmatique. Dans
son amour exclusif pour cette vie universelle
qui est « l'âme », qui est « Dieu », — et
qui est, au fond, sensuelle, — il en arrive à
se méfier de l'intelligence et de la conscience,
et à regarder l'art et la littérature avec
suspicion.

C'est donc à regret qu'il a cédé à sa
vocation d'artiste, et à ses yeux sa seule
excuse valable était qu'il n'y cédait que parce

que c'était le seul moyen qu'il eût de combattre efficacement tout ce qui entrave l'homme, tout ce qui gêne la vie. Mais il y cédait aussi par sentiment du besoin, parce que sa tendance au bonheur l'y portait. Et là aussi apparaît sa parenté avec Épicure. Le souverain bien, pour Épicure, se composait de trois éléments : « l'amour, la musique, et la contemplation de la beauté ». Or, ce sont les trois éléments que nous trouvons le plus constamment unis dans la vie de Samuel Butler et dans tout ce qui, de son œuvre, n'est pas dialectique et polémique pures. Par « l'amour » il faut entendre aussi l'amitié, les Grecs ne faisant pas de distinction entre ces deux sentiments. Et bien, l'amitié, des amitiés solides, très vives, et même passionnées, ont rempli la vie intime de Samuel Butler. Amitié pleine et d'une déférence charmante pour Miss Elizabeth Mary Ann Savage, à qui il soumettait tous ses manuscrits. Amitié fidèle en dépit de tout, et trop généreuse et trop indulgente, pour le personnage à qui est dédié *La Vie et l'Habitude*. La musique, il l'a aimée dès son enfance ; il en a même composé dans sa vieillesse, et nous verrons bientôt ce qu'il dit du compositeur qui était pour lui la musique même : Handel, dont il savait l'œuvre entier par cœur, et qu'il mettait sur le même rang qu'Homère et Shakespeare. Contemplateur et serviteur de la beauté, Samuel Butler l'a été autant que son maître Handel. C'est même cet attrait que la beauté visible exerçait sur lui qui lui a fait croire à sa vocation de peintre, à laquelle il n'a renoncé qu'après de longues années d'études et d'efforts. Voyez aussi, dans *Erewhon*, l'importance qu'il attache à la beauté physique. Et nous pouvons être certains que ses longs et fréquents séjours en Italie n'avaient pas d'autre cause que son désir, son besoin, de vivre en contact avec un des peuples les plus beaux, les plus gracieux, et, à son point de vue, les plus moraux du monde.

J'ai hâte de commencer ma lecture, et je laisse là cette comparaison entre Épicure et Samuel Butler. Vous avez vu que si je l'ai tentée c'est parce qu'elle me promettait de mieux mettre en lumière les traits caractéristiques de la pensée qui domine et qui anime l'œuvre extrêmement varié de Samuel Butler, et de faire ressortir en même temps ce qu'il y a de permanent et d'universel dans cette pensée. Toutefois, je voudrais encore vous citer un passage d'une Préface de George Bernard Shaw où il est question de Samuel Butler. Quelques critiques avaient accusé Bernard Shaw d'emprunter ses idées les plus originales à Nietzsche et à Ibsen. Voici comment l'illustre dramaturge répondit : « Ce qu'il y a de neuf dans ma pièce, autant que j'en puisse juger, c'est cette maxime émise par mon personnage et selon laquelle la possession de l'argent est la plus indispensable vertu, et la pauvreté le plus grave péché, de l'homme en société. Naturellement, cette conception dramatique n'est pas née par génération spontanée ; pas plus qu'elle n'a été empruntée à Nietzsche ni à aucun écrivain né de l'autre côté de la Manche. Le regretté Samuel Butler, qui fut dans son genre le plus grand écrivain anglais de la seconde moitié du xixe siècle, recommande sans cesse dans son œuvre, comme choses nécessaires et morales, une tiédeur voulue en religion et un sentiment vif et constant de l'importance de l'argent. On se prend à désespérer de la littérature anglaise quand on voit que ce tableau étonnant de la vie anglaise, le roman de Butler intitulé *Ainsi va toute chair* a fait si peu d'impression que, lorsque, quelques années après sa publication, je fais jouer des pièces dans lesquelles les idées si vivantes, si libres, si prophétiques, de Samuel Butler ont une part évidente, on ne sait que me reprocher confusément d'imiter Ibsen et Nietzsche, — et je dois m'estimer encore heureux qu'on ne me parle pas d'Alfred de Musset et de George Sand. Vraiment les

Anglais ne méritent pas d'avoir des grands hommes. Ils ont laissé Samuel Butler mourir dans une obscurité presque complète, tandis que moi qui ne suis, en comparaison de cet écrivain, qu'un journaliste irlandais sans importance, je les amenais, comme par le bout du nez, à faire tant de bruit autour de mon nom que mon existence en est empoisonnée. »

Je commencerai par lire un fragment du chapitre II de *La Vie et l'Habitude*. Mais d'abord, en manière d'avertissement, cet alinéa, qui se trouve vers la fin du dernier chapitre.

(Lecture : Pages de la traduction correspondant aux pages 306, 20, et 33-39.)

Voici maintenant quelques notes choisies dans *Les Carnets de Samuel Butler*. C'est un gros livre d'environ 500 pages, formé de passages extraits par Henry Festing Jones, — ami et exécuteur testamentaire de

Samuel Butler, — des cinq tomes de notes manuscrites que Butler a laissés.

(Lecture de notes correspondant aux pages 13, 14, 217, 10, 11, 226, 12, 36, 366, 99-100, 221, 114, 233, 234, 371, 372, et 378 de l'édition anglaise.)

J'ose espérer que ce que Butler dit de sa musique dans ses notes vous a préparés à entendre avec indulgence les trois échantillons de cette musique que notre ami Jacques-Benoît Méchain a bien voulu se charger d'interpréter. Encore une fois, la composition musicale n'a été pour Butler qu'un délassement, et, dans l'avertissement qu'il a placé en tête du recueil des *Gavottes, Menuets et Fugues*, écrits en collaboration avec Henry Festing Jones, il a eu soin de dire que ces morceaux humoristiques avaient été composés « *autant que possible* dans la manière de Handel ».

(Exécution au piano, par M. Jacques-Benoît Méchain, d'une gavotte, d'un menuet, et de l'ouverture de la troisième partie de l'oratorio dramatique d'*Ulysse*.)

Puisque nous en sommes aux à-côtés de la production artistique de Samuel Butler, il faut dire deux mots de sa peinture. Nous avons, parmi les photographies et les gravures exposées ici, une reproduction de son premier grand tableau : *La Prière en Famille*. Il l'a peint à son retour de Nouvelle-Zélande, et avant d'avoir sérieusement commencé ses études de peinture. Du reste cela se voit. Cependant, aussi bien par son exécution que par son intention satirique il est intéressant, et je pense qu'il aurait amusé Guillaume Apollinaire. A Cambridge, dans la collection Butler, au collège Saint-Jean, l'original est accroché de telle façon que, lorsqu'on entre dans la petite salle, la porte le cache. J'ai fait remarquer cette particularité à M. Henry Festing Jones, qui m'a répondu : « Vous savez, je pense qu'ils en ont un peu honte. » Nous avons aussi la reproduction du tableau de Butler qui est à la Tate Gallery, accroché à une des colonnes du vestibule, à droite quand on fait face à l'entrée des salles où sont les Turner. C'est une œuvre de la maturité de Butler, mais dont le principal mérite, je crois, est d'avoir été peinte par un grand écrivain. Il avait sans doute raison lorsqu'il écrivait au crayon sur la toile de *La Prière en Famille* : « J'ai peint ceci en 1864, et si j'avais continué à ne prendre conseil que de ma fantaisie au lieu de faire des études, j'aurais été un assez bon peintre. Le tableau de la Tate Gallery s'appelle *Les Vacances de M. Heatherley*. M. Heatherley, directeur de l'atelier où Butler étudiait, est représenté raccommodant le squelette, que les élèves s'amusaient à disloquer. Dans *Les Carnets*, Samuel Butler nous apprend que M. Heatherley ne quittait jamais Londres et passait ses journées de vacances dans son atelier vide. Une fois, des amis le décidèrent à aller passer un dimanche à la campagne. Mais en revenant, il dit que cela ne lui avait fait aucun bien, et que l'air des champs était bien moins sain que celui de Londres, « parce qu'il manquait de corps » ! Nous avons aussi une reproduction d'un portrait de Samuel Butler peint par lui-même, en 1878, à l'âge de trente-trois ans.

Nous allons passer maintenant au livre de Samuel Butler que la plupart des critiques, et tous les romanciers anglais contemporains, considèrent comme son chef-d'œuvre : son roman posthume *Ainsi va toute Chair*. Le héros de ce roman s'appelle Ernest Pontifex, et le narrateur supposé, qui joue aussi un rôle important dans l'intrigue, s'appelle Edouard Overton.

(Lecture des chapitres LV à LXIII, correspondant aux pages 248 à 279 de l'édition anglaise.)

Pour terminer, voici un court extrait de *Nouveaux Voyages à Erewhon* ; c'est une parabole lue par un prêtre de la religion éréwhonienne. On pourrait l'intituler « Allégorie de la Vie Éternelle ».

« Les Non-Nés ont connaissance les uns des autres jusqu'au moment de leur naissance, et cela, sans que les murs ou aucuns obstacles matériels s'y opposent. Les enfants à naître forment dans chaque cité une population à part ; ils conversent entre eux et se donnent réciproquement des nouvelles du progrès de leur développement.

« Ils ne possèdent aucune notion sur notre vie, et ne peuvent même pas concevoir quelque chose qui n'est pas identique à ce qu'ils sont eux-mêmes. Ceux qui sont nés sont ce que les morts sont pour nous. Ils n'imaginent pas qu'ils puissent continuer à vivre, et ils ignorent tout d'eux, de même qu'ils ignorent toutes les phases de leur propre développement antérieur qui ne sont pas la phase par laquelle ils passent dans ce moment même. Ils ne savent même pas que leurs mères sont vivantes, — et encore moins que leurs mères ont été ce qu'ils sont eux-mêmes en ce moment. Pour l'embryon, sa mère n'est rien que son milieu, et il la considère à peu près de la même façon que nous considérons notre milieu inorganique.

« La grande terreur de leur vie, c'est la peur de naître, — la peur d'avoir à quitter un jour le seul état qu'ils considèrent comme la vie, et d'entrer dans un inconnu ténébreux qui pour eux équivaut à l'anéantissement.

« Il est vrai que certains d'entre eux ont prétendu que la naissance n'est pas cette mort qu'ils croient qu'elle est ; mais qu'il y a une autre vie au delà du sein maternel, une vie dont ils ne savent encore rien, et qui est un million de fois plus vraiment vivante que tout ce qu'ils ont pu imaginer. Mais la plupart hochent leurs têtes encore inachevées, et disent qu'il n'y a pas, en faveur de cette hypothèse, une seule preuve qui puisse supporter un instant d'examen :

« Mais non, répondent les autres, un si grand travail, et si compliqué, et si merveilleux, tel que le travail auquel nous

nous consacrons si activement en ce moment même, doit avoir un but, bien que ce but nous demeure caché.

« Jamais de la vie, répondent les premiers ; le plaisir que nous prenons à ce travail le justifie assez amplement. Qui donc a jamais goûté à cette vie dont vous parlez, et est rentré dans le sein maternel pour nous en donner des nouvelles ? Admettons qu'un petit nombre ont prétendu l'avoir fait : mais voyez comme la fausseté de leurs récits est apparue dès qu'on les a soumis à une saine critique ! Non. Quand nous naissons, c'est pour de bon, et c'en est fini de nous !

« Mais à l'heure de la naissance, quand ils ne peuvent plus rentrer dans le sein maternel pour annoncer aux autres la nouvelle, voici qu'ils s'aperçoivent qu'ils se trompaient. »

Mesdames, Messieurs, vous avez vu, au cours de ces lectures, l'importance que Samuel Butler attachait à ce qu'il appelait « la vie posthume », à cette vie que nous vivons, grâce au souvenir de nos actions, et surtout grâce à nos œuvres, dans la pensée des hommes. Vous avez entendu ses paroles : « Il me semble que je ne pourrais pas trouver le courage de vivre si je ne croyais pas qu'il est probable que j'obtiendrai, après ma mort, ma bonne moyenne de soixante-quinze ans d'immortalité. » Cette réunion, cette lecture que je viens de vous faire, est une date importante de la vie posthume de Samuel Butler. C'est même, en quelque sorte, le commencement de sa vie posthume en France. Et je voudrais pouvoir espérer que ce sera aussi une date dans l'histoire des rapports entre la littérature anglaise et la littérature française. Quoi qu'il en advienne, je vous remercie, Mesdames et Messieurs, au nom de Samuel Butler, d'être venus l'entendre ; et je remercie Mlle Adrienne Monnier qui, en lui ouvrant la Maison des Amis des Livres, a rendu un service de plus aux Lettres.

CETTE PLAQUETTE A ÉTÉ TIRÉE
PAR DARANTIERE A DIJON
A 1.025 EXEMPLAIRES DONT
25 EXEMPLAIRES HORS
COMMERCE SUR VÉLIN PUR
FIL, MARQUÉS DE A A Z ;
50 EXEMPLAIRES SUR PAPIER
VÉLIN PUR FIL, NUMÉROTÉS
DE 1 A 50 ET 950 EXEM-
PLAIRES SUR PAPIER VERGÉ
(BOOK-PAPER), NUMÉRO-
TÉS DE 51 A 1 000 ⎯⎯

EXEMPLAIRE N° ⫶ 427 ⫶

Lightning Source UK Ltd.
Milton Keynes UK
UKOW06n1324110916

282732UK00001B/8/P